pequeños animales del patio
Los lobos
Heather Kissock
SPANISH & ENGLISH eBOOKS
AV2 BY WEIGL™
ADDED VALUE • AUDIO VISUAL
www.av2books.com

Visita nuestro sitio www.av2books.com e ingresa el código único del libro.
Go to www.av2books.com, and enter this book's unique code.

CÓDIGO DEL LIBRO
BOOK CODE

AVD54324

AV² de Weigl te ofrece enriquecidos libros electrónicos que favorecen el aprendizaje activo.
AV² by Weigl brings you media enhanced books that support active learning.

El enriquecido libro electrónico AV² te ofrece una experiencia bilingüe completa entre el inglés y el español para aprender el vocabulario de los dos idiomas.
This AV² media enhanced book gives you a fully bilingual experience between English and Spanish to learn the vocabulary of both languages.

Spanish

English

Navegación bilingüe AV²
AV² Bilingual Navigation

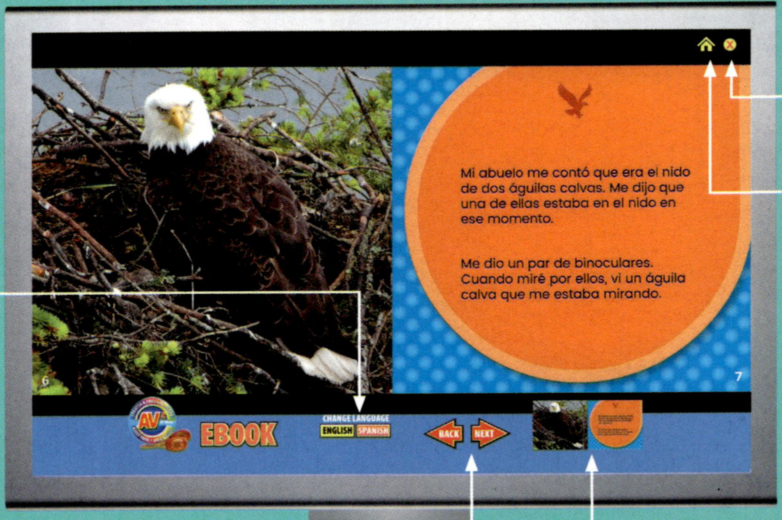

CHANGE LANGUAGE ENGLISH SPANISH **OPCIÓN DE IDIOMA** LANGUAGE TOGGLE

BACK NEXT **CAMBIAR LA PÁGINA** PAGE TURNING

CERRAR CLOSE

INICIO HOME

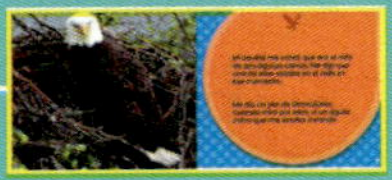

VISTA PRELIMINAR PAGE PREVIEW

Mi abuelo me contó que era el nido de dos águilas calvas. Me dijo que una de ellas estaba en el nido en ese momento.

Me dio un par de binoculares. Cuando miré por ellos, vi un águila calva que me estaba mirando.

EBOOK

pequeños animales del patio
Los lobos
En este libro, te contaré sobre
su hogar
su comida
su familia
y cómo crecen.

Había llegado la primavera y la nieve ya se estaba derritiendo. Con mi hermano, fuimos al bosque a jugar a las escondidas.

Estaba buscando un lugar para esconderme cuando vi huellas de un animal en el lodo. Las debía haber dejado un perro muy grande. Eran enormes.

5

Mi hermano y yo comenzamos a seguir las huellas. Después de un rato nos cansamos y regresamos a casa.

Cuando le contamos a mamá sobre las huellas, nos dijo que deberían ser de un lobo. Ella había oído aullidos de lobos hacía unos días.

Mamá nos dijo que sería mejor que no saliéramos de la casa solos.

Era la época en que los lobos tenían a sus bebés y seguramente no querrían tener gente a su alrededor.

Mamá nos dijo que los lobos deberían tener su madriguera cerca. Ese era el lugar donde la mamá tendría a sus bebés.

Nos dijo que la madriguera podría estar cerca del río que pasaba por el bosque.

Sentí pena por los lobos bebés. Tenían que dormir afuera y todavía hacía frío. Le pregunté a mamá si no podríamos llevarlos a casa.

Mamá dijo que no. La mamá loba se aseguraría de que sus bebés estuvieran calentitos. Los demás lobos de la manada también ayudarían.

Unas semanas después, mi papá volvió de pescar y dijo que había visto a unos lobeznos al otro lado del río.

Me contó que estaban revolcándose por el suelo y jugando entre ellos.

Cuando papá volvió a ir a pescar, me dejó acompañarlo. Pude ver a los lobeznos con mis propios ojos.

Los observé desde el otro lado del río. Estaban comiendo algo en el suelo. Parecía ser una parte de un animal.

Justo antes de comenzar la escuela, salimos con mi familia a ver a los lobeznos. Fuimos al mismo lugar que antes, pero ya no estaban.

Papá dijo que ya eran lo suficientemente grandes como para salir a cazar junto a su manada.

Pasaron dos años hasta que volví a ver otro lobo. Estaba mirando por la ventana cuando vi un lobo parado en la entrada del bosque. Estaba solo.

Cuando le conté a mamá, dijo que seguramente sería un lobo joven. Me contó que los lobos jóvenes a veces abandonan a su vieja manada para buscar una manada propia.

La primavera regresó. Una noche, oí aullidos en el bosque.

Me pregunté si
volvería a ver más
lobeznos ese año.

Published by AV² by Weigl
350 5th Avenue, 59th Floor New York, NY 10118
Website: www.av2books.com

Library of Congress Control Number: 2018964734

ISBN 978-1-7911-0195-4 (hardcover)
ISBN 978-1-7911-0196-1 (multi-user eBook)

Printed in the United States of America in Brainerd, Minnesota
1 2 3 4 5 6 7 8 9 0 22 21 20 19 18

122018
111918

Project Coordinator: Heather Kissock
Designer: Terry Paulhus
Spanish Project Coordinator: Sara Cucini
Spanish/English Translator: Translation Services USA

Every reasonable effort has been made to trace ownership and to obtain permission to reprint copyright material. The publisher would be pleased to have any errors or omissions brought to its attention so that they may be corrected in subsequent printings.

The publisher acknowledges Getty, Alamy, Shutterstock, and Minden as the primary image suppliers for this title.